6 tout en parchemin
sens carton

1 feuillet : planche, p. 33.

X. 1270.

9921.   9915

NOUVELLE MANIERE

D'ECRIRE

COMME ON PARLE

EN FRANCE.

A PARIS,

Chez

La Veuve de JEAN COT, Libraire, Fondeur
des Caracteres d'Imprimerie.
ET
JEAN-BAPTISTE LAMESLE, Libraire,
ruë du Foin, à la Minerve.

M. DCC. XIII.

Avec Privilege du Roy.

APPROBATION.

J'A'y lû par ordre de Monſeigneur le Chancelier un Manuſcrit intitulé : *Nouvelle maniere d'écrire comme on parle en France*; & j'ay cru que l'impreſſion de ce petit Ouvrage réjoüiroit le Public. Fait à Paris ce dix-ſeptiéme Mars mil ſept cens douze.

GROS DE BOZE.

PRIVILEGE DU ROY.

LOUIS par la grace de Dieu Roy de France & de Navarre : A nos amez & feaux Conſeillers les Gens tenans nos Cours de Parlemens, Maiſtres des Requeſtes ordinaires de noſtre Hoſtel, Grand Conſeil, Baillifs, Senechaux, leurs Lieutenants, & à tous autres nos Juſticiers qu'il appartiendra, Salut. Noſtre amé le Pere *** Religieux des Auguſtins Reformez de Paris nous a fait expoſer qu'il avoit compoſé un Livre intitulé : *Nouvelle maniere d'écrire comme on parle en France*, qu'il deſireroit donner au Public, s'il Nous plaiſoit luy accorder nos Lettres ſur ce neceſſaires. A CES CAUSES, voulant favorablement traiter l'Expoſant, Nous luy permettons & accordons par ces Preſentes de faire imprimer, vendre & débiter dans tous les lieux de noſtre Royaume ledit Livre intitulé: Nouvelle maniere d'écrire comme on parle en France, par tel Imprimeur qu'il voudra choiſir, de telle marge, volume, caractere, & autant de fois que bon luy ſemblera l'eſpace de trois années conſecutives à commencer du jour & datte des Preſentes, pendant lequel temps Nous faiſons tres-expreſſes défenſes à toutes ſortes de perſonnes d'en introduire dans nôtre Royaume aucun exemplaire d'impreſſion étrangere, à condition qu'il ſera mis deux exemplaires dudit Livre dans noſtre Bibliotheque publique, un en celle de noſtre Cabinet du r

theque de nostre tres-cher & feal Chevalier
Chancelier & Garde des Sceaux de France , le
sieur Phelyppeaux Comte de Pontchartrain ,
Commandeur de nos Ordres avant que de l'ex-
poser en vente ; à la charge aussi que l'impression
sera faite en beaux caracteres , sur de bon papier,
dans nostre Royaume & non ailleurs , confor-
mément aux Reglemens de la Librairie & Imprimerie , à peine de nullité des Presentes , les-
quelles seront registrées sur le registre de la Communauté des Imprimeurs & Libraires de nostre
bonne Ville de Paris dans trois mois du jour de
leur datte. Si vous mandons & enjoignons que
du contenu en icelles vous fassiez joüir pleinement & paisiblement ledit Exposant ou ceux qui
auront droit de luy , sans souffrir qu'il luy soit
fait aucun trouble ni empêchement. Voulons aussi que la copie des Presentes qui sera imprimée
au commencement ou à la fin dudit Livre soit
tenuë pour düement signifiée ; & qu'aux copies
qui en seront collationnées par l'un de nos amez
& feaux Conseillers & Secretaires foy y soit
ajoûtée comme à l'original. Commandons au pre-
mier nostre Huissier ou Sergent sur ce requis de
faire pour l'execution d'icelles tous actes neces-
saires, sans demander autre permission, nonobs-
tant clameur de Haro, Chartre Normande & Lettres à ce contraire. C a r , tel est nostre plaisir.
Donné à Paris le dix-neuviéme jour de Mars l'an
de grace mil sept cens douze; & de nostre Regne
le soixante-neuviéme. Par le Roy en son Conseil.
LAUTHIER.

*Registré sur le Registre n. 3 , de la Communauté des Libraires
& Imprimeurs de Paris, 433. p . n . 231. conformement aux Reglemens , & notamment à l'Arrest du Conseil du 13. Aoust
1703. A Paris ce 18. Avril 1 7 1 2.*
Signé, LOUIS JOSSE, Syndic.

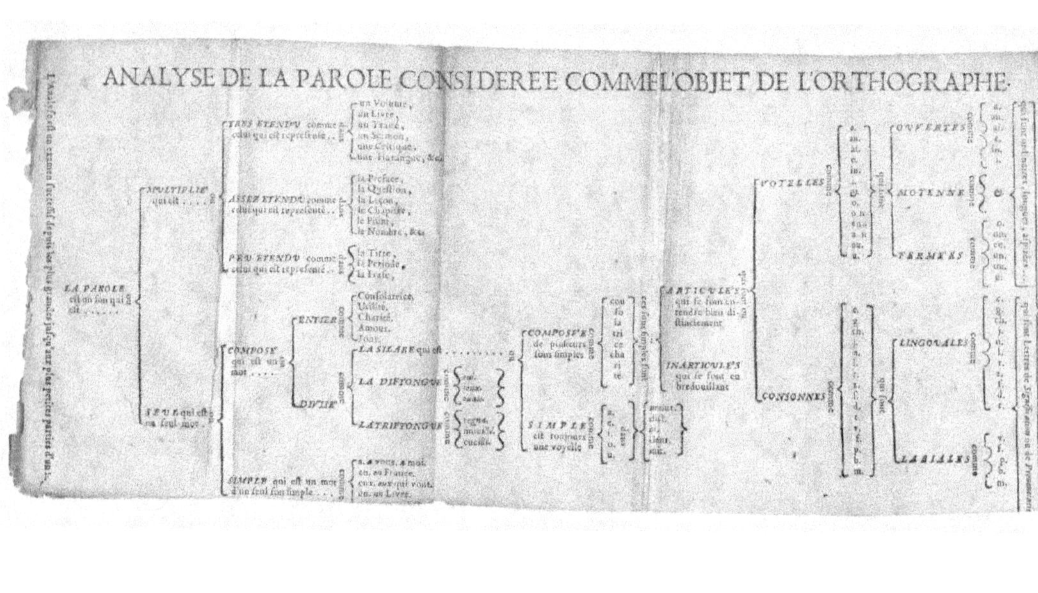

LA PAROLE est un son qui est . . . .

MULTIPLIE qui est . . . .

TRES ETENDU comme dans celui qui est representé . . . : un Volume, un Livre, un Traité, un Sermon, une Critique, une Harangue, &c.

ASSEZ ETENDU comme celui qui est representé . . . dans: la Preface, la Question, la Leçon, le Chapitre, le Point, le Nombre, &c.

PEU ETENDU comme celui qui est representé . . . dans: le Titre, le Periode, la Frase,

SEUL qui est un seul mot . . .

COMPOSE qui est un mot . . . .

ENTIER comme: Consolatrice, Utilité, Charité, Amour, Jean.

LA SILABE qui est . . . .

LA DIFTONGUE: oui, ieux, ouäis.

DIVISE

LA TRIFTONGUE: regna, mouillé, cueilli.

SIMPLE qui est un mot d'un seul son simple . . . : a, avous, a moi, en, en France, eux, eux qui vont, ou, un Livre.

COMPOSE'E de plusieurs sons simples comme: cou-fo-la-tri-ce-cha-ri-te ... ces sons simples sont

ARTICULE'S qui se font entendre bien distinctement

INARTICULE'S qui se font en bredouillant

SIMPLE est toujours une voyelle comme dans: a, e, i, o, u ... amour, dieu, ai, lieu, oui.

VOYELLES comme

OUVERTES

MOYENNE: e

FERMEES

CONSONNES

LINGUALES

LABIALES

L'Analyse est un examen successif depuis les plus grandes jusqu'aux plus petites parties d'un...

NOUVELLE MANIERE

D'ECRIRE

COMME ON PARLE EN FRANCE.

L E defir de rendre fervice au Public n'étant pas blâmable, j'ofe propofer aux François une *nouvelle maniere d'Ecrire comme ils parlent.* Pour accomplir heureufement le beau deffein de peindre d'aprés nature la Parole, dont je prefente d'abord l'Analyfe ; j'ay tout de mon mieux fuivi les maximes de la Sageffe & de la Prudence, parce que les Ouvrages qu'elles concertent & qu'elles executent toutes deux, font d'autant plus parfaits, que les autres font defectueux.

A

Pour Ecrire comme on parle en France , *premierement* il faut bien obſerver que la Langue Françoiſe eſt toute compoſée des 29. Sons ſimples & eſſentiellement differents , qui finiſſent ces 29. mots François bien prononcés , & qui ſont marqués par de grandes Lettres. Il ne faut faire attention qu'au Son , nullement à l'ortografe. montrA. rubAN. parfAIt. bontE'. divIN. unI. modE. brunO. moutON. jEU. chacUN. coucOU. menU. piQUe. lanGUe. poCHe. anGe. uNe. belLe. gloiRe. onZe. bourSe. monDe. trenTe. oliVe. étoFe. naIe. colomBe. daMe.

Secondement , il faut que chaque Son ſimple de la parole ſoit *ſeul & toujours* repreſenté par ſa Lettre propre & ſimple. Car autrement il n'y auroit pas un fidele & parfait rapport entre le ſigne & la choſe ſigniﬁée, entre l'execution & l'intention ; c'eſt à dire entre la Lettre & le Son ; entre l'Ecriture & la Prononciation.

Troisiêmement, est-il rien de plus raisonnable que de conserver tout ce qu'il y a de bon dans l'Alphabet vulgaire ; 2. que d'en retrancher tout ce qu'il y a de superflu ; 3. que d'y ajoûter tout ce qu'il y manque, & qui ne nous sera pas moins utile, qu'il nous est tres necessaire; 4. que de fixer tout ce qu'il y a de vague & d'incertain dans l'usage des Lettres ; 5. que de mettre en bon ordre tout ce qu'il y a de confondu ; 6. que de Nommer chaque Lettre par le Son même qu'elle doit naturellement representer seul & toujours ; 7. enfin que chaque Consonne *devant & avec* la voyelle *e* [dite *e* feminin] commence son vray Nom.

De l'Alphabet nouveau.

En égard à ces sages & prudentes maximes, voicy les 29. Lettres simples qui conviennent plus parfaitement & plus commodément à chacun des 29. Sons simples qui composent toute la Langue Françoise.

ALPHABET NOUVEAU.

a. an. ai. é. in. i. e. o. on. eu. un. ou. u. valeur.
A. A. A. E. I. I. E. O. O. E. U. U. U. }
a. a. a. e. i. i. e. o. o. e. u. o. u. } figures.

que. gue. che. je. ne. le. re. ze. se. de. te. valeur.
C. G. H. J. N. L. R. Z. S. D. T }
c. g. h. j. n. l. r. z. s. d. t. } figures.

ve. fe. pe. be. me. valeur.
V. F. P. B. M. }
v. f. p. b. m. } figures.

5

Remarquez 1°. que les 8. *nouvelles*
Lettres de cet Alphabet reformé A.
A. L. E. Q. E. U. O. ſont ſimples &
prudemment differenciées des *An-*
ciennes , comme autrefois G l'a eſté
du C. B du P. J de l'I... c'eſt à dire par
l'addition d'un tiret attaché au corps
de la Lettre. 2°. qu'elles ne ſont pas
moins neceſſaires , utiles & recevá-
bles que ces deux Lettres *j. v.* que
l'Uſage receut le dernier ſiecle , &
qu'il fixa pour eſtre toujours conſonnes. 30. que le genre maſculin
convient le mieux au nom de chaque
Son & de ſa Lettre, comme un grand
N , un petit r... 40. que l'ordre des
Lettres de cet Alphabet eſt naturel
& raiſonné. 50. enfin que le bon ſens
& le bon goût veulent naturellement
qu'en *Ecrivant* on repreſente toujours le meſme Son ſimple par ſa
meſme & unique Lettre ſimple ; &
qu'en *Liſant* on faſſe toujours ſonner,
& que l'on prononce toujours la meſme Lettre comme dans cet Alphabet,
& comme nous dirons dans la ſuite.

Des Voyelles, Diphtongues, & Triphtongues.

Les 13. premieres Lettres sont 13. Voyelles, a a a e i i o o ę u ó u. *La Voyelle est une Lettre ou un Son simple que nous pouvons prononcer seul & prolonger*, parce que le soufle de la voix sort directement par les organes qui demeurent immobiles dans la disposition, qui est tres particuliere à l'articulée formation de la voyelle que l'on prolonge sur le mesme Ton.

Deux voyelles unies & prononcées dans la mesme syllabe font une Diphtongue, comme Di-ę, lu-i, bi-i, ó-i, filie, solalie, vinie... La premiere voyelle d'une Diphtongue est toujours *breve*; quand c'est e ou *i*, ils font encore un peu *obscurs*, comme aussi toute cette Diphtongue ie.

Ceux qui prononcent bien notre Langue, forment delicatement des *Triphtongues* dans ces Mots & sembla-

bles : Ranie-a , ranie-a , ranie-a ,
ranie-e ; manie-ific, a ſa copanieſ...
evalie-a , evalie-e , celie-i , Jati-
lieom ... C'eſt l'inadvertance de ces
Triphtongues qui a donné lieu à la
conjecture des N. & des L. *prétenduës*
mouillées de ces meſmes mots Regna,
regnant , regnoit , regné, magnifi-
que , en ſa compagnie ... éveilla ,
éveillé , cueilli , Gentil'homme ...
On peut faire 156. Diphtongues diffe-
rentes ; & 12. Triphtongues com-
mencées par la Diphtongue obſcure
ie.

Des Conſonnes.

Les 16. dernieres Lettres ſont 16.
Conſonnes : c. g. h. j. n. l. r. z. ſ. d. t. v.
f. p. b. m. *La Conſonne eſt un ſon que*
nous ne pouvons prolonger , & que nous
*ne pouvons prononcer qu'*avec *& imme-*
diatement devant *une voyelle* ; parce
que ſon articulation n'eſt formée que
dans l'inſtant 1°. auquel le ſouffle en-
fonce l'obſtacle que la *Langue* ou les

Levres mettent à ſa libre & directe ſortie ; 2°. & auquel il pouſſe les organes à la diſpoſition par qui ſe forme la voyelle qui ſuit neceſſairement la conſonne ; laquelle eſt *claire* ou *obſcure* quand la voyelle eſt claire ou obſcure, c'eſt à dire quand la Conſonne & la Voyelle ſont *fortement* ou *foiblement* prononcées.

Il y a onze conſonnes *Lingoualles* c. g. h. j. n. l. r. z. s. d. t. & cinq *Labiales* v. f. p. b. m. Ces 9. ſont *Muettes,* c. g. n. l. d. t. p. b. m. & ces ſept ſont *Sifflantes.* h. j. r. z. s. v. f. Ces trois ſont *Liquides* n. l. r. & ces deux ſont un peu *Mugiſſantes* b. m.

Les conſonnes *lingoualles* ſont naturellement ſujettes à eſtre converties l'une en l'autre, 1°. ou par *Affinité* comme C en G. H en J. N en L... 2°. ou par *Oppoſition* comme C en T. G en D. H en S... c'eſt à dire la premiere Lingoualle en la derniere ; la ſeconde en la penultième... Ces 4. conſonnes *labialles* v. f. p. b. y ſont auſſi ſujettes entre elles. Ceux qui graſſayent, ou à qui la langue fourche, les enfans & les Provinciaux, les Etrangers & les mots empruntez d'une autre langue nous en fournilſent mille & mille exemples. Quoique les *Dents*, en augmentant la voute du palais, & le *Nez*, en organiſant les Sons de la Parole, comme le bourdon les tons d'une muſette, ſervent à rendre plus *ſonore* l'articulation de *toutes* les Lettres, ils ne ſont pourtant pas neceſſaires pour leur formation.

Remarque curieuſe.

Les Voyelles ſont *toujours* ce que les Conſonnes ne ſont pas toûjours, mais ordinairement des *Lettres de ſignification*, c'eſt à dire des Lettres ſi neceſſaires dans un mot, & dans une certaine ſituation, que ſi vous en oſtez ou dérangez une, le mot ne ſignifie plus la choſe ou l'idée qu'il ſignifioit: comme dans *ami*, *acorde*, *Ture*... Une Conſonne à la fin d'un

mot n'eſt *ſouvent* qu'une *Lettre de Prononciation*, c'eſt à dire qu'elle ne ſert
point à la ſignification du mot, &
qu'elle y eſt adjoûtée ſeulement pour
adoucir la prononciation, en empeſ-
chant la rencontre, & le rude choc
de deux voyelles, dont l'une finit le
mot précedent, & l'autre commence
le mot ſuivant, comme n. l. t. z. c...
dans un ami. il ū u bo afa. a-t-i fini
ſa choſe...

Remarques ſur la voyelle e.

Excepté dans les Diphtongues,
Triphtongues & Monoſyllabes, ſans
rien gaſter à l'égard de la prononciation, & pour de bonnes raiſons, nous
pouvons en Ortographiant nous diſ-
penſer de la peine d'Ecrire la tres-
frequemment prononcée voyelle e,
que l'on ne peut nullement ſe diſpen-
ſer dans toutes les Langues de prononcer delicatement *avec & aprés*
toutes les conſonnes qui n'ont aucune
voyelle immediatement après elles.

Par exemple , *sculpteur , obstruction.*
... se prononcent coulamment secu-
leperere , obesetorucet.o...

Cette Remarque convainc 1°. que
chaque consonne peut estre bien articulée devant toutes les autres , &
devant sa semblable. 2°. que tous les
Vers François, qui finissent par une
ou deux consonnes prononcées, sont
veritablement Vers feminins. Il ne
sera pas plus étonnant de voir plusieurs consonnes de suite dans ces
mots: rlva, rvnu , brbi , ordr , arbr ...
que d'en voir autant dans ces mots ;
structure , scrupule , sculpteur , obstru-
Elion , Darmitat ..... & *urbs , stirps*,
mots Latins.

Des Accents.

La Sagesse fait observer 1°. Que la
Parole sort de la bouche si coulamment & si serrément que toute une
longue frase ne fait qu'un long Mot
comme   Dieselaterarnaletopuisa.
2°. Que la pluspart des Sons sont sou-

tenus dans le même *Ton* & mesurés de la même *quantité*. 3°. Que les Voyelles sont sujettes à quelques *Accidents* ou inflexions extraordinaires.

C'est pour peindre ces accidents que la Prudence a institué, ou veut que l'on instituë non des Lettres, mais de petits traits ou *Accents*, afin que chacun détaché du corps des voyelles, represente seul & toujours un de leurs accidents.

Comme la Sagesse & la Prudence ont autant de haine pour la confusion & l'ambiguité, que d'amour pour l'ordre & la clarté : elles ne peuvent supporter deux grands Abus. L'un, qu'une Lettre perde sa propre valeur, & ne fasse honteusement que l'office d'un accent comme *h. e. s...* dans *h*auteur, *h*ardi, denou*e*ment, vi*e*, me*s*me, o*s*ter.... L'autre que ces accens ' aigu & ` grave ne soient pas le signe d'un Accident, mais qu'ils ayent l'honneur d'estre pour ainsi dire la *langue* & *l'ame* de cette voyelle *e* qui

seroit

ſeroit muette & languiſſante ſans eux
dans aime , montre , après , procès.

Suivant de ſages & prudentes ob-
ſervations , au moins ces 4. Accens
[‾ ‘ ‘‘ ’] ‾ Elevé-long. ‘ Aſpiré ſeulement. ‘‘ Aſpiré-long ; & ’ l'Apoſtro-
phe nous ſont abſolument neceſſaires
pour peindre les Inflexions les plus
ſenſibles de la Parole , & ils doivent ,
ces *Accents* , être placés au deſſus 1°.
d'une voyelle , 2°. ou de ſa place ,
pour ſignifier toujours & ſeulement

[‾] Qu'en liſant , il faut élever &
prolonger la *voyelle* un peu plus que
les autres voyelles qui n'ont point
d'accent , parce qu'elles ſont toutes
prononcées dans le *ton* & dans la *me-*
ſure moyenne & ordinaire. Exemples:
l'ám. la côt. ſo mãtr. u grõ mãti. la
ví. la vũ. íz am. í volã. …

[‘] Qu'il faut aſpirer la voyelle
ſans la prolonger , comme : la ára jar.
la ót. la ãh. le críſo. u íbó. …

[‘‘] Qu'il faut aſpirer & prolonger la voyelle , comme la ótęr. la áſl.
la úr. ęn í. la ãn…   B

['] Que l'on fupprime la voyelle feulement devant une voyelle *douce*, c'eſt à dire qui n'eſt pas aſpirée, comme l'amor. l'anmi. l'elie. s'il a.... au lieu de, le amor, ſi il a....

Ce que nous avons dit des voyelles breves, obſcures, foibles.... eſt ſi general, qu'il tiendra lieu des autres accens.

L'uſage vulgaire de la Ponctuation eſt aſſez connu & bon, excepté les *abbreviations*. Elles ont cauſé tant d'ambiguitez dans la Litterature que nous uſerons feulement 1°. d'un point [.] aprés une grande Lettre, pour marquer qu'elle ſignifie tout un mot, comme J. C. pour Jeſus-Chriſt. S. M. pour Sa Majeſté... 2°. de 3. points... qui aprés un ou pluſieurs exemples ſignifieront : *Et ſemblables*, *Et les autres* ; aprés le commencement d'une periode ou d'une citation ils ſignifieront : *Et le reſte*.

Pour *preuve* & pour *épreuve* du merveilleux effet que produiſent ces

courtes & generales Regles d'une Orthographe naturelle , je vais peindre
avec ses vives couleurs la Prononciation Françoise de quelques-unes des
belles Reflexions que ce sujet donne
lieu de faire.

En Lisant & en Ecrivant comme
on Parle , ceux-là Prononceront bien
& hardiment, & Ortografieront sans
difficulté & sans faute , qui auront
une fois bien pris l'idée de l'unique &
legitime valeur qu'a toujours chaque
Lettre de l'Alphabet ; & de la pru-
dente valeur qu'a toujours chaque
Accent.

Les 8. Voyelles nouvelles sont :
ces 5. à tiret tombant :

ꝟę, o ꝉ gꞗa pi.

& ces 3. à tiret montant,

jꝋ ſæ rꝋ.

1. Si d'Ecrire autrement que l'on parle *en France, il n'en arrivoit que peu, ou que de petits inconveniens ; & si l'on ne s'en plaignoit point par tout & depuis long-temps, personne n'auroit jamais pensé à la reforme de l'Ortographe Françoise.*

2. *Il n'est pas étonnant qu'aucun de ceux qui jusqu'à maintenant ont essayé* d'Ecrire comme on parle, *n'ait pleinement réüssi, chacun d'entr'eux tous n'ayant qu'ébauché l'Ouvrage, que le public demande dans sa perfection.* Comme je crois ne lui laisser plus rien à desirer sur cette matiere, j'ose me promettre un meilleur succès. Dieu revele aux humbles des secrets qu'il a long-temps caché. . .

3. Tout habile & pieux Ecrivain est semblable à un grand Prince, qui montre dans son tresor des nouveautés & des antiquités *charmantes ; ainsi cette Ortographe, qui est nouvelle & ancienne n'effrayera que les yeux, qui n'a-*

Reflacsi̦o.

1. Si d'Ecrir õtrma ce l'o̦ Parl a̦ Fras, i n'an ariva ce pe̦ o̦ ce de pt̄iz ico̦veniā ; e fi l'o̦ ne s'a̦ planie̦a po-i̦ partó, e dpui lo̦-ta̦ , parſon n'ora̦ jama̦ paſe a la Reform de l'Ortograf Fraſo̦z.

2. I n'ā̃ paz etona̦ c'õcu̦ de ſe̦ , ci juſc'a mi̦tna̦ o̦t eſa̦ie d'Ecrir com o̦ Parl, n'a̦ plānma̦ reuſi ; hacu̦ d'atr ē̦ tõ, n'aia̦ c'ebõhe l'O̦vraj, ce le Public demad da̦ ſa parfacſi̦o̦. Com je cra̦ ne li laſe plū ri-i̦n a dzire ſu ſte matiar, j'oz me promatr u̦ malie̦r ſucſā̃. Die̦ reval õz u̦bl de ſgrā̄ , c'il a lo̦-ta̦ cahe. . .

3. Tót abil e pie̦z Ecrivi̦ ā ſa̦blabl a̦ u̦ Gra̦ Pris, ci mo̦tr da̦ ſo̦ trezor de Nóvõte e dez Aticite harma̦t ; iſi ſt'Ortograf, ci ā Nóval e Aſiān, n'e-frāra ce le̦z i-e̦ , ci n'abótis paz õ ſa̦ comu̦. O co̦trār a̦l ecſitra̦ la curio-

boutiſſent pas au ſens commun. Au contraire elle excitera la curioſité des beaux Eſprits, qui ſeront ravis de voir ici briller la Sageſſe, la Prudence, & la Verité, puiſqu'elles y mettent parfaitement d'accord la plume avec la langue, les yeux avec les oreilles, & le jugement du Lecteur avec le jugement de l'Ecrivain. Eſt-il rien de plus agreable?

4. L'exemple des Nations qui ont écrit les Langues mortes, & de celles qui écrivent les Langues vivantes ſans conformer l'Ecriture à la prononciation, ne ſert qu'à excuſer ceux, qui n'ont pas eu le moyen de faire cette parfaite reſſemblance: Jamais il ne juſtifiera ceux qui ne voudront pas uſer de ce ſecret, que je leur enſeigne.

5. Lorſque pour ſe donner de grandes commodités il n'en coûte quaſi rien, il n'y a point d'homme ſage qui héſite à ſe les donner; d'où je conclud qu'il faudroit être bien delicat & trop ennemi de la perfection pour plaindre une peine auſſi legere que l'eſt pour tous ceux qui ſçavent

eite de bŏz Eſprí, ci ſrǫ ravi dǝ voar
iſi briliǝ la Sajas, la Prudas e la Ve-
rite ; puiſc'al i mat parfatma, d'acŏr
la Plum ava la Lag, lǝz I-E ava lǝz
Oraliǝ, e lǝ Jujma, du Laèter ava
le Jujma, dǝ l'Ecrivi. A t i ri-i dǝ plŭz
agreabl ?

4. L'Egzapl de Naſiǫ ci ǫt ecril e
Lag mort, e dǝ ſal ci ecriv le Lag
vivat ſa cǫforme l'Ecritur a la Pronǫſiaſiǫ, nǝ ſar c'a eſcuze ſę, ci n'ǫ paz
u lǝ mo-ai-i dǝ far ſtǝ parfat rſablas ;
Jamaz i nǝ juſtifira ſę, ci nǝ vódrǫ
paz uze dǝ ſǝ ſgra, cǝ jǝ lęz aſaniǝ.

5. Lŏrc pŏr ſǝ done dǝ grad como-
dite i n'a cŏt cazi ri-i, i n'i a poi d'om
ſaj, ci ezita ſǝ le donę ; d'ò jǝ cǫclu
e'i fŏdrat ātr bi-i delica, e trop anmi dǝ la parfacſiǫ, pŏr plidr ęn pan
oſi ljar, cǝ l'ā pŏr tŏ ſę, ci ſav lir vul-
garma, ſal dǝ conatr ſt'Alfaba re-

lire *vulgairement*, *celle de connoître cet Alphabet reformé*, & *les utilitez qu'on en peut retirer.* Ce qu'il faut faire, n'est jamais indigne d'estre appris. *Quint.* Un peu d'usage adoucit tout ce qui paroissoit rude au commencement. *Cic.*

6. *L'Employ de chaque lettre simple à signifier seule & toujours un son simple de la prononciation, merite seul le grand nom d'Usage. Tout autre employ des lettres est un Abus d'autant plus insupportable, qu'il entraine après luy plus de fâcheux inconveniens.*

7. *Le Quartier de pierre, qui est dans la muraille, ne montre qu'une seule des faces qu'il montrera si vous l'en ôtez.* Chaque mot équivoque *est de même*; car dans la suite du Discours *il ne presente qu'une idée. Est-il consideré seul? il en presente plusieurs. C'est aussi par la suite* du discours écrit, *comme par la suite du* discours prononcé, *que se distingueront les Nombres, les Genres, les Noms, les Verbes*...

forme, e lœz utilite, c'on a pę rtire.
Sœ c'i fō far n'a jamaz idiniœ d'ætr
apri. *Cuiti iœ-i.* Ụ pę d'Uzaj adoſi tó
ſœ ci parœlœ rud o comaſma. *Siſęrọ.*

6. L'Aploœ dœ hac Lœtr sipl a ſi-
nifie ſęl e tójòr ụ ſọ sipl dœ la pronọſiaſiọ, merit ſęl lœ gra nọ d'Uzaj.
Tót õtr Aploœ de Lœtr āt ęn Abu
d'õtœ plūz iſuportabl, c'il atrān
apra lui, plū dœ fahęz icọveniā.

7. Lœ Cartie dœ piœr, ci ā da la mu-
rālie, nœ mọtr c'ęn ſęl de fas c'i mọtr-
ra ſi vó l'ạn õte. Hac *Mo Ecivoc* ā-
dmām; car da *la ſuit du diſcòr* i nœ prezạt c'ęn idē Āt i cọſidere ſęl ? il a
prezạt pluzięr. S'ātoſi par la ſuit du
diſcòr ecri, com par la ſuit du diſcòr
pronoſe, cœ ſœ diſtigrọ le Nọbr, le
Jar, le Nọ, le Vœrb...

8. Les réels & les veritables Vestiges des Etimologies, Analogies, Rapports… des mots François se montrent au doigt & à l'œil dans cette Orthographe, d'où sont bannis tous les vestiges faux & trompeurs. Par cette Orthographe les Langues vivantes peuvent se purger de toutes leurs Lettres impropres, comme l'or se purifie dans le creuset.

9. En corrigeant la defectueuse & trompeuse Orthographe des Noms propres, & de tout autre mot François, comme Caën, Laon, Toul, Agen, Auxerre, Xaintes… Jesus-Christ. Marie. Adam. Saül. Paul. Saul. Loüis. Claude. Gilles… j'éternise la veritable prononciation qu'ils ont aujourd'hui; parce qu'il ne sera jamais permis selon cette orthographe de les lire & de les prononcer d'une autre maniere; & parce qu'il sera toujours vrai de dire qu'ils se prononçoient comme cela en 1712.

10. Par les ordres & par les magnifiques recompenses du Roi, toutes les Sciences & tous les beaux Arts ont esté & sont tellement cultivées qu'ils semblent parve-

8. Le reãl e le veritabl Vaſtij dez
Etimolojí , Analojí ; Rapõr... de
mo Fraſã ſe motr o doa, e a l'ęlię da
ſt'Ortograf, d'ó ſọ bani tõ le Vaſtij
fõ e trọpę. Par ſt'Ortograf le Lag
vivat pęv ſe purje dę tót lę Laⱦr
iprop, com l'Or ſe purifí da lę creza.

9. A corija la defaⱦuęz e trọpęz
Ortograf de Nọ propr , e dę tót õtr
Mo Fraſã : com Ca , La , Tó , Aji ,
Oſãr , Sit... Jezu-Cri , Marí , Ada ,
Saul , Pol , Sol , Lói , Glõd , Jil...
j'eterniz la veritabl pronọſiaſiọ c'il ọt
ojórd'ui ; pars c'i nę ſra jama, parmi
ſlọ ſt'Ortograf dę le Lir , e dę le Pro-
nọſe d'ęn õtr maniar ; e pars c'i ſra
tójó vra, dę dir , c'íſę pronọſã com ſa
a 1712.

10. Par lęz Ordr e par le manię ifíc
recọpas du Roa, tót le Siaṣ e tõ le boz
A᷆rọt ete talma, cultive, c'í ſabl parv-
nu o plu õdgre dę parfaⱦſiọ ó í pęv

nus au plus haut degré de perfection où ils peuvent monter. De bonne foi seroit-il juste, seroit-il honorable aux Zelateurs de la gloire de notre Langue que durant un Regne si florissant & si poli, l'Orthographe Françoise seule sut negligée? Elle qui est la Porte & la Depositaire des Sciences & des Arts. Rien n'empeche de la perfectionner dès à present qu'on le peut faire.

II. Si Messieurs de l'Academie Françoise; si ceux qui Parlent bien, Ecrivoient, & faisoient Imprimer selon cette Orthographe; l'ardente envie qu'ont tous les François de sçavoir bien prononcer leur Langue naturelle, les porteroit avec un tel empressement à profiter de leurs Ecrits, & de leurs Livres, que bientost nous deviendrions tous *unius labii*. Nous Parlerions tous, nous Ecririons tous, nous Lirions & Prononcerions tous de mesme la mesme Langue. Que les Dames & les Enfans, que les Provinciaux & les Etrangers, que les Missionnaires & les Pauvres en seroient aisés, & leur en sçauroient bon gré!

moʈẽ. De bon foa ſrat-i juſt , ſrat-i
onoꞃabl õ Zelatęr dꝺ la gloar dꝺ not
Lag , cꝺ durat ꞷ Ranie ſi floriſa e ſi
poli l'Ortograf Fraſãz ſęl fu negli-
gẽ ? Al ci a la Port e la Depoſitar de
Siaſ e des Ā r. Ri-i n'apãh dꝺ la par-
facſione dã miꞇna c'õ lꝺ pę far.

11. Si Meſię dꝺ l'Academí Fraſãz ,
ſi ſę ci Parl bi-i Ecrivã e fzãr imprime
ſlꙮ it'Ortograf , l'ardaꞇ aví c'õ tõ le
Fraſã dꝺ ſavo-ar bi-i pronoſe lę Lag
natural , le portra avac ꞷ tal apraſma
a profite dꝺ lęz Ecri , e dꝺ lę Livr ,
cꝺ bi-i tõ nõ dvi-i driꙮ tõ *unius labii*. Nõ
Parlriꙮ tõ , nõz Ecririꙮ tõ , nõ Liriꙮ e
Pronoſriꙮ tõ dmãm la mãm Lag.
Cꝺ le Dam e lꝺz Afa , cꝺ le Proviſiõ
e lꝺz Etraje , cꝺ le Miſionar e le Põvr
a ſrãt ãz , e lęz a ſorã bꙮ gre !

12. *Si l'on Imprimoit de cette sorte les Livres nouveaux ; les bons Livres qui sont Imprimés, seroient peu à peu réimprimés, ou conservés comme les anciennes Chartes, que les habiles Gens sçavent déchiffrer. La Langue Françoise ne seroit quasi plus sujette au changement.*

13. *Si les François Ecrivent les premiers comme ils prononcent leur Langue qu'il faut aujourd'hui sçavoir avant que de la pouvoir lire, ils donneront aux Etrangers un bel exemple de Politesse & de Civilité. L'extréme Facilité de lire & de bien prononcer cette admirable Langue venant à flatter & à seconder leur ardent desir de l'apprendre & de la Parler, la pourroit bien faire devenir la Langue commune de toute l'Europe, & la Langue du Commerce dans tout le Monde.*

14. *La Litterature est desolée d'ignorer totalement la veritable Prononciation des Langues mortes, & de ce qu'elles n'en ont que d'arbitraires. Pourquoi ne nous ferons-nous pas honneur & plaisir de transmettre à tous les Sçavans des siecles*

12. Si l'on iprima de ste sort le Livr nóvõ ; le bo Livr ci sot iprime , frã
pe a pe reiprime , ò bi-i colarve com
lez asian Hart , ce lez abil Ja sav
dehifre. La Lag Frasãz ne sra cazi
plũ sujat o hajma.

13. Si le Frasõ Ecriv le prmie com
o pronos le Lag , c'i fõt ojòrd'ui sa-
voar ava ce de la póvoar lir , í donro
õz Etrajé u bal egzapl de Politas e
de Sivilite. L'estram fasilite de Lir
e de bi-i Pronose st'admirabl Lag
vna a flate e a sgode ler arda dzir de
l'apradr e de la parle , la póra bi-i far
dvni la Lag comun de tòt l'Urop , e
la Lag du Comars da tó le Mod.

14. La Literatur ã dzolé d'inie-o-
re *totalma* la veritabl Pronosiasio de
Lag mort , e de se c'al n'an o ce
d'arbitrãr. Pórcoa ne nó fro nó paz
oner e plazi de trasmatr a tõ le Sava
de siacl a vni l'asasial e la veritabl

à venir l'essentielle & la veritable Prononciation de la Langue Françoise, telle
que nous la Parlons sous le Regne merveilleux de LOUIS LE GRAND, notre
incomparable Monarque? & pourquoi ne
la pas joindre à son Histoire qui sera toujours si curieuse & toujours si belle?

15. On ne se plaindra pas de cette Orthographe, & on ne dira pas qu'elle écrit
le François, en Latin & en Grec, en Ita-
lien & en Espagnol; en Allemand & en
Anglois... On n'adjoustera point que c'est
merveille de n'y pas encore voir quelque
Caractere Hebreu, Arabe, Syriaque.
.. lardé dans les Mots qui nous viennent
de ces Langues-là, & consideré comme un
tres precieux vestige d'étimologie.

16. La Prononciation des conversations
honnestes & familieres, est sans contredit
la plus naturelle, la plus agreable, la
plus usitée à la Cour, & la seule Prononciation du beau Sexe; ainsi elle est par tout
la plus estimable; ainsi en Parlant & en
Ecrivant, le meilleur est d'imiter & de
peindre la Prononciation de ceux qui

Pronoſiaſiǫ dɘ la Lag Fraſɑz , tɑl cɘ
nó la Parlǫ ſó lɘ Raniɘ marvaliɇ
dɘ LǾ-I LE GRɅ not icǫparabl
Monarc ? e pórcoɑ nɘ la pa joɩdr a
ſǫn Iſtoɑr , ciſra tójó ſi curiɇz e tójó
ſi bɑl ?

15. Ǫ nɘ ſɘ plɩdra pa dɘ ſt'Ortograf, e ǫ nɘ dira pa c'ɑl Ecri lɘ Fraſɑ,
ɑ Latɩ e ɑ Grɑc ; an Itali-i e an Eſ-
panɩɘ-ol , ɑn Almɑ e ɑn Aglɑ̄... Ǫ
n'ajócra poɩ cɘ s'ɑ̄ marvaliɘ dɘ ni
paz ɑcor voɑr cec Caractar Ebrɇ ,
Arab , Siriac. . . larde dɑ le Mő , ci
nó viɑn dɘ ſe Lag la , e cǫſidere com
ʮ trɑ preſiɇ vaſtij d'Etimolojī.

16. La Pronǫſiaſiǫ de Cǫvɑrſaſiǫ
onɑ̄t e familiar ɑ̄ ſɑ cǫtrdi la plū natural, la plūz agreabl , la plūz uzitĕ
a la Cór , e la ſɇi du bő Sɑcs ; iſi al ɑ̄
par tó la plūz eſtimabl ; iſi ɑ Parlɑ e
an Ecrivɑ , lɘ meliɇr ɑ̄ d'imire , e
dɘ pɩdr la Pronǫſiaſiǫ dɘ ſɇ ci Parl
naturalmɑ bi-ɩ not Lag Fraſɑz.

C iij

parlent naturellement bien notre Langue Françoise. L'Empereur Auguste Ecrivoit comme il Prononçoit ; c'est à dire du mieux qu'il estoit alors possible. C'est aussi l'Orthographe ordinaire des Princes & des Dames.

17. *En 1692. ce Sistème (moins touché) fut envoyé à l'Académie Françoise, qui deux ans après donna des marques publiques de l'estime qu'elle en faisoit, & de la plus ample explication qu'elle en desiroit.*

18. *Les Personnes sinceres avoüeront,* 1°. *Qu'il est constant que dès que l'on connoist les 29. Lettres de cet Alphabet reformé, il n'y a nulle difficulté à lire tout ce qui est Ecrit selon cette Orthographe nouvelle.*

19. 2. *Que c'est icy un bon moyen aux Ames charitables de signaler leur miséricorde envers tant de pauvres Artisans & de Villageois, en leur enseignant ou leur faisant enseigner seulement cet Alphabet mis à la teste d'un petit Livre, qui contiendra les Prieres & le Catechisme que*

L'Apręr Oguſt ecriva com i pronǫ-
ſa ; s'at a dir du mi-ę c'il arat alõr
poſibl. S'āt oſi l'Ortograf ordinar
de Pris e de Dam.

17. A 1692. ſe Siſtam (moi rõhe)
fut avoaie a l'Academí Fraſāz , ci
dęz a aprā dona de marc public de
l'eſtim c'al a fza, e de la plūz apl eſ-
plicaſiǫ c'al a dzira.

18. Le Parſon siſar ovõrǫ 1°. C'il
ā coſta ce dāce l'ǫ cona le 29. Latr
de ſt'Alfaba reforme, i n'i a nul dificulte a lir tó ſe ci āt ecri ſlǫ ſt'Ortograf.

19. ². Ce s'āt iſi u bǫ moai-i oz
ām haritabl de ſinie-ale lę miſeri-
cord avar ta de põvr Artizā, e de
Vilajoā lę fzat aſanie-e ſt'Alfaba mi
a la tāt d'u pti Livr, ci cǫti-idra le
Priar e le Catehiſm, ce Meſię le
Cure ne pęv lęz apradr par cęr, ó
c'íz oblí icǫtina; e da lecal pti Livr

Messieurs les Curez ne peuvent leur apprendre par cœur, ou qu'ils oublient incontinent; & dans lequel petit Livre (lisant d'eux-mesmes & sans difficulté) ils apprendront 1°. ce qu'il faut qu'ils sçachent pour connoistre, aimer & servir Dieu; 2°. & ce qu'il faut qu'ils fassent pour parvenir à leur bonheur éternel. Il n'est point de vray serviteur & servante de Dieu qui ne doive par sa protection ou du moins par ses vœux seconder le commencement & les progrès d'une œuvre si pieuse & si meritoire.

2°. Les gros Livres sont toujours ennuyeux & rarement tout bons. C'est ce qui m'a porté à une extréme brieveté. Je me trouverois fort honoré si j'avois le bonheur d'avoir fait le plus petit de tous les bons Livres dont se servent les François, qui veulent par leur vivacité, que l'on dise beaucoup de choses en peu de paroles & de temps.

MULTA PAUCIS.

(Liza d'ę mãm e ſa dificulte) íz apra-
drǫ 1º. ſe c'i fo c'íz ſah pór conatr,
ame e ſarvi Dię. 2o. e ſe c'i fo c'í fas
pór parvni a lę bǫn-ęr etarnal. I n'ã
poi de vr. ſarvitęr e ſarvat de Dię
ci ne doav par ſa protacſiǫ, ó du
moi par ſe Vę , ſgǫde le comaſma
e le progrãd'ęn Evr ſi pięz e ſi meri-
toar.

2o. Le grõ Livr ſǫ tójór anui-ię e
rarma tó bǫ. S'ãſe ci m'a porte a ęn
eſtram briavte. Je me tróvrã fort
onore ſi j'avã le bǫn-ęr d'avoar fa le
plũ pti de tõ le bǫ livr , dǫ ſe ſarv le
Fraſã, ci vęl par lę grad vivaſite , ce
l'ǫ diz bõcó de hoz a pę de parol e
de ta.

MULTA PAUCIS.